Marcos Ribeiro

Quem disse que eu não vou conseguir?

Ilustrações Isabel de Paiva

1ª edição
São Paulo, 2015

© Marcos Ribeiro, 2015

COORDENAÇÃO EDITORIAL: Lisabeth Bansi
ASSISTÊNCIA EDITORIAL: Patrícia Capano Sanchez
PREPARAÇÃO DE TEXTO: Ana Catarina Nogueira
COORDENAÇÃO DE EDIÇÃO DE ARTE E PROJETO GRÁFICO: Camila Fiorenza
DIAGRAMAÇÃO: Michele Figueredo, Cristina Uetake
ILUSTRAÇÕES: Isabel de Paiva
COORDENAÇÃO DE REVISÃO: Elaine Cristina del Nero
REVISÃO: Nair Hitomi Kayo
COORDENAÇÃO DE *BUREAU*: Américo Jesus
PRÉ-IMPRESSÃO: Marcio H. Kamoto
COORDENAÇÃO DE PRODUÇÃO INDUSTRIAL: Wilson Aparecido Troque
ACABAMENTO E IMPRESSÃO: Maxi Gráfica e Editora Ltda
LOTE: 754678
COD: 12101190

Dados Internacionais de Catalogação na Publicação (CIP)
(Câmara Brasileira do Livro, SP, Brasil)

Ribeiro, Marcos
 Quem disse que eu não vou conseguir? / Marcos Ribeiro ; ilustrações Isabel de Paiva. — 1. ed. — São Paulo : Moderna, 2015. — (Coleção Infantis Marcos Ribeiro)

 ISBN 978-85-16-10119-0

 1. Dificuldades – Literatura infantojuvenil 2. Literatura infantojuvenil 3. Superação I. Paiva, Isabel de. II. Título. III. Série.

15-03024   CDD-028.5

Índices para catálogo sistemático:

1. Literatura infantil   028.5
2. Literatura infantojuvenil   028.5

Reprodução proibida. Art.184 do Código Penal e Lei 9.610 de 19 de fevereiro de 1998.

Todos os direitos reservados

EDITORA MODERNA LTDA.
Rua Padre Adelino, 758 – Belenzinho
São Paulo – SP – Brasil – CEP 03303-904
Vendas e Atendimento: Tel. (11) 2790-1300
www.modernaliteratura.com.br
2022
Impresso no Brasil

Apresentação

Quem disse que eu não vou conseguir? Quando me deparo com alguma dificuldade na vida, essa é a pergunta que me vem à mente.

Estava no auge da minha carreira como pianista, tocando nos mais importantes teatros do mundo, quando, aos 26 anos, sofri um acidente jogando futebol que prejudicou os movimentos da minha mão direita. Ao longo da minha carreira, enfrentei uma série de diversidades, mas desistir da música nunca foi uma opção.

Com idas e voltas, até os 62 anos permaneci determinado a continuar tocando piano. Enfrentei cirurgias, injeções na mão e sessões de fisioterapia até que ouvi dos meus médicos que não poderia mais tocar profissionalmente. Em um primeiro momento, parecia que meu mundo tinha acabado, mas foi só um recomeço. Não me dei por vencido e, aos 63 anos, tive minha primeira aula de regência. Dois anos depois já estava regendo a prestigiosa Orquestra de Câmara Inglesa, em Londres.

Espero que minha história sirva de exemplo e inspire crianças e adultos a persistirem diante das dificuldades, assim como fará o livro **Quem disse que eu não vou conseguir?**, de Marcos Ribeiro, que aconselha os pequenos a lutar com força e determinação para vencer os obstáculos. Essa iniciativa certamente ajudará muitas pessoas a batalhar por um ideal e a se superar a cada pedra no caminho. Todas as crianças e jovens devem se inspirar neste livro e também na frase de Charles Chaplin: "Quando você deixa de sonhar, você continua a viver, mas deixa de existir".

Maestro João Carlos Martins

Dedicatória

Ao **Bruno Ribeiro Bezerra**, meu sobrinho, que traduz em sua história o tema deste livro, diante de tantas superações na vida. E em todos esses momentos estava o mar, seu fiel companheiro.

Agradecimentos

Beth Bansi, minha principal parceira nessas histórias que ganham vida em forma de livro.

José Paulo Sá Ribeiro Alves, por caminhar junto, na mesma direção, contribuindo para a fluidez do nosso trabalho.

Maria das Dores Duprat – consultora de Literatura do Rio de Janeiro – e os demais consultores e representantes da Editora Moderna em todo o país, que dedicam suas vidas a levar livros e ideias para cada um de vocês.

Flavia Santos – a mãe da pequena Manuela – nosso "anjo da guarda", sempre pronta a nos atender e fazer o melhor para o nosso trabalho.

Temos muitas coisas legais para conversar

Nem tudo é sempre do jeitinho que a gente quer. Acontece com vocês, ainda crianças, e conosco, adultos, também.

Muitas vezes temos um sonho e, no meio do caminho, aparecem algumas dificuldades; logo a gente pensa: "Caraca, eu não vou conseguir!".

Nada disso; obstáculos estão aí para serem vencidos. E este livro fala sobre isso: superação. A força que devemos ter para conseguir o que queremos. Não dá para desistir no primeiro tombo de bicicleta ou de patins.

Se qualquer um de nós tiver um ideal e um objetivo definidos, já é meio caminho andado!

É importante aprender, desde pequeno, a não desistir diante de um empecilho. Não é porque você tirou nota vermelha numa prova que vai levar bomba no fim do ano. Estudando e com disciplina – quer dizer, superando a dificuldade – você consegue!

E assim é em uma porção de coisas da vida.

Já pensou se sua família fosse desistir diante do primeiro tropeço? A vida de vocês poderia ser muito diferente do que é hoje.

Este livro fala, portanto, da superação, tão importante para alcançar os sonhos. Aproveite e chame seu(sua) professor(a) e todos da sua casa para participarem deste bate-papo. Afinal, todo mundo tem um sonho que quer realizar...

5

Sabe quando o coração fica bem pequeno, como se uma mão grande apertasse ele todinho, e você gostaria, naquele momento, que ele ficasse batendo em outro lugar, mas não pode?

Na hora em que está com uma dificuldade danada e não sabe como superá-la...

Ou quando tira nota vermelha em Matemática e logo tem alguém para o proibir de brincar com os amigos ou de descer para o *playground* do prédio quando toda a galera está esperando...

Sendo um probleminha ou um problema "daquele tamanho", é importante que você, desde pequeno, aprenda a lidar com os empecilhos que vão acontecendo na vida. Não dá para fugir nem tirar o coração do peito para ficar mais calmo. E nem sempre sua família vai poder estar ao seu lado.

Quando você está jogando bola, não pensa no melhor lance para fazer aquele golaço?

Na nossa vida é mais ou menos do mesmo jeito: quando você está com um problema, pensa no melhor lance para resolver a situação.

O que no jogo é o gol, na vida é a superação do que era difícil de conseguir, como uma boa nota em Matemática ou em outra matéria, por exemplo.

Essas dificuldades ajudam você a pensar na melhor solução. O problema ou o medo são passageiros. Desistir é para sempre.

Por isso não desista, mas acredite que **querer é poder!**

Claro que nem tudo é tão simples. Mas é possível!

Se você não está conseguindo aprender nas aulas de Matemática, História ou Português, não adianta só querer melhorar, é preciso se esforçar e estudar.

Igualzinho ao jogador que para bater um bolão precisa treinar à beça. Ou a bailarina que tem horas exaustivas de aula para se aprimorar.

Se você se empenhar e não desistir, conseguirá superar tudo que surgir em seu caminho.

Já viu alguém aprender a andar de *skate* sem levar um tombo?

A superação pode estar na escola...

A professora Laureane Marília, de Rio Verde, Goiás, nasceu com um problema na coluna que impediu seus músculos de ficarem fortes e, por isso, para ir de um lugar para o outro ela precisa de uma cadeira de rodas, que chama de "minha inseparável companheira".

Com a ajuda da mãe, Laureane pegava a kombi para estudar e, com uma cadeira de rodas, sem nenhuma acessibilidade nas ruas ou nos transportes, era sempre muito difícil.

Hoje ela é professora da Escola de Ser, na sua cidade, um projeto educativo muito legal. E ela não parou mais. Continua estudando e escrevendo uma porção de coisas bem interessantes...

Quando criança, ela tinha um pouco mais de movimento, mas, com a evolução da doença, seu corpo foi ficando quase todo

ela mexe os olhos e movimenta as mãos o suficiente para usar o mouse do computador e digitar no teclado virtual.

Seus alunos, assim da sua idade, estão sempre ajudando em tarefas simples, como beber água, comer aqueles lanches gostosos na hora do café da manhã, segurar a caneta, pegar os livros – como este aqui – e ler histórias, colocar seus cabelos atrás da orelha e empurrar a cadeira.

E sua mãe continua ao seu lado, levando-a para todos os lugares e ajudando-a em dificuldades, como andar na kombi da Associação de Deficientes Físicos de Rio Verde e utilizar uma cadeira de rodas como meio de locomoção.

A professora Laureane já está pensando em, qualquer dia desses, jogar bola com seus alunos.

Alguém duvida que ela vai conseguir?

Perguntando a um garoto, assim da sua idade, sobre o que é superação, ele respondeu:

"Para mim, superação é vencer tudo, nunca desistir, lutar até o fim, desde aprender a andar até vencer seu maior sonho".

E para você, o que é superação?

Muitas vezes, as famílias passam por sérios problemas e precisam da ajuda de todos para superar as dificuldades.

Acontece, por exemplo, quando alguém de casa perde o emprego e fica apertado para pagar as contas, o colégio e até comprar os livros. Nem sempre dá para comprar sorvete! Ihhh... Só quando a situação ficar mais folgada...

É preciso a compreensão e a união de todos para superar essa fase.

Em momentos tristes assim, podemos aprender com as ostras.

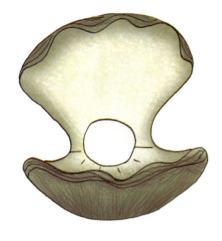

As pérolas que a gente vê em alguns colares vêm das ostras; são elas que as produzem. Você não sabia?

Quando entra um grão de areia na concha das ostras, elas produzem uma substância para se defender, porque estão feridas. Essa substância se transforma em uma pérola. Uma ostra que não foi ferida não produz pérola. Isso porque a pérola é a ferida cicatrizada da ostra.

Você quer dizer que mesmo nas dificuldades podemos aprender muita coisa positiva e valorizar o que temos, não é?

Isso mesmo. Na hora de um aperto financeiro, de uma doença, ou após perder alguém de quem se gosta é que as pessoas mais se unem e, a partir daí, constroem coisas muito bonitas – como a pérola: a solidariedade, a fé, a confiança, a força de vontade e o desejo de vencer, conseguindo superar todas as dificuldades.

Igual ao momento triste da ostra, quando ela é ferida...

A superação pode estar no trabalho...

O Sr. Virgilino Dionísio Braz – o senhor Braz – nascido em Viçosa, Minas Gerais, perdeu seus pais com quatro anos de idade. Foi, então, morar com uma tia. Aos 12 anos, antes de o sol nascer, ainda muito cedo pela manhã, ia para a mata pegar o cavalo para o tio sair, mesmo se estivesse chovendo ou muito frio. E tudo isso descalço, do mesmo jeito como ia para a missa e para todos os lugares: pisando no mato, na terra, e atravessando o riacho...

Aos 13 anos foi trabalhar numa fazenda de engenho, onde tirava leite da vaca, carregava os galões cheios e bem pesados até a fazenda e ainda fazia comida.

Quando seu Braz fez 14 anos, resolveu ir para o Rio de Janeiro, sozinho, sem nenhum parente, em busca de uma vida melhor. E lá foi ele de trem, numa época em que esse era um dos transportes interestaduais mais usados.

Chegando à cidade maravilhosa, foi morar num barraco no Morro da Mineira e trabalhar numa obra. Fazia sua própria comida e cuidava da sua casa.

Ao completar a maioridade foi fazer o serviço militar e, devido à qualidade do seu trabalho, foi indicado para entrar na Polícia Militar do Rio de Janeiro, onde seguiu carreira até se reformar (aposentar).

Casou, construiu sua vida, criou e formou dois filhos, ajudou a criar um neto e, como todo brasileiro que sonha ter o seu "cantinho", conseguiu comprar sua casa e ter outras conquistas... venceu através do trabalho!

Seu Braz é o meu pai.

Alguém duvidou que ele **conseguiria?**

É preciso ter esperança, mas de **esperançar** e não de **esperar**!!!

Não estou entendendo!

"Esperançar" é sonhar, almejar, buscar o que se quer realizar e agir. Quando estamos querendo uma coisa, é preciso ter esperança, definir o que se quer e como iremos alcançar.

Diferente de esperar, que significa ficar parado, sem tomar iniciativa, esperando acontecer.

Você pode querer ser palhaço, bombeiro, ator ou doutor, mas o que não pode é perder a esperança...

Por que dizer "não consigo!" se nem tentou?

Sabe aquela competição esportiva que acontece de quatro em quatro anos, com a participação de centenas de jovens, e que chamamos de Olimpíadas?

Então, logo após as Olimpíadas acontecem, no mesmo país que está sediando o evento, os Jogos Paraolímpicos.

Nessas competições participam pessoas que têm algum tipo de necessidade especial ou outra dificuldade. É a prova de que todos podem ultrapassar seus limites e alcançar seus sonhos.

A superação, quando vem da ajuda de todos, mostra que nem sempre ganhar é o mais importante. A vitória maior é saber que não estamos sozinhos, que podemos contar com os amigos para superar nossas dificuldades.

A lição que tiramos disso tudo é que passar por essas dificuldades sempre nos ensina a crescer e a poder olhar para trás e ver que, de algum jeito, valeu a pena. Tem muita gente que melhora muito como pessoa depois de passar por tantos obstáculos.

O que não desafia, não transforma.

Pode acontecer de cada um precisar se esforçar mais, vencer outros obstáculos e superar suas forças para ser um campeão...

O importante é ter um sonho e acreditar que se é capaz de chegar lá.

Busque alguém na sua família para ajudá-lo a realizar esse sonho. Nem sempre é fácil, mas é possível. Nem sempre conseguirá da primeira vez, mas você tem o dia seguinte para tentar de novo.

A superação pode estar no esporte!

O Luciano Mariano é de Queimados, no Rio de Janeiro. Quando tinha três anos sofreu um acidente sério em que perdeu os dois braços.

Já maior, o amigo Marcinho – mais tarde seu professor – o incentivou a lutar jiu-jitsu, mesmo com essa limitação.

Com a ajuda do amigo, mas com muito treino, perseverança e força de vontade, Luciano tornou-se um campeão.

Diante de seu medo no primeiro desafio, seu professor disse:

"Só perde quem compete; aconteça o que acontecer, mantenha a cabeça erguida!".

Assim, Luciano não parou mais. Ganhou um campeonato em nosso país e o terceiro lugar numa importante competição na Califórnia, nos Estados Unidos, com competidores de vários países.

Outros sonhos virão.

Alguém duvida que ele vai conseguir?

Por trás do sucesso e do sonho realizado há superação física, sacrifício e disciplina.

Lembra da prova de Matemática? Se não estudar, dá para melhorar a nota vermelha?

Devemos ser esforçados e dedicados em tudo o que fazemos na vida: nas conquistas na nossa casa, na sala de aula, nos esportes...

... e em tantas outras situações que aparecem em nossa vida. Por exemplo, nos sonhos de muitas meninas e meninos de se tornarem bailarinas ou bailarinos. Com esforços exaustivos, sempre com os pés sangrando, doendo...

SUPERAM SEUS LIMITES E ACREDITAM QUE SÃO CAPAZES.

Não adianta esperar a fada madrinha bater à porta, porque ela não vem, não!

E mesmo quando a vida faz tudo diferente do que sonhamos, eu continuo no caminho, sem desistir.

Seja dançando na ponta dos pés...

... seja dançando numa cadeira de rodas.
A superação vai estar sempre ali!

A superação pode estar na dança...

Nina Souza nasceu em Chã de Alegria, interior de Pernambuco, mas mora em Recife. Ela tem uma doença que costumam chamar de "ossos de vidro", já que eles são tão frágeis que se quebram por qualquer motivo.

Ainda bem pequena, ela teve uma fratura no tornozelo só por colocar o sapatinho. Até um espirro, por exemplo – algo tão simples para todos nós –, podia provocar alguma fratura na frágil menina.

Sua mãe foi para Recife – sem conhecer ninguém por lá – em busca de um médico especialista para cuidar da pequena Nina. E está ao seu lado até hoje.

Quando ela tinha cinco anos, seu pai colocou-a num triciclo e, a partir daí, Nina se sentiu livre para andar sem precisar de ninguém.

A menina cresceu, estudou, superou todas as limitações do dia a dia – locomover-se em

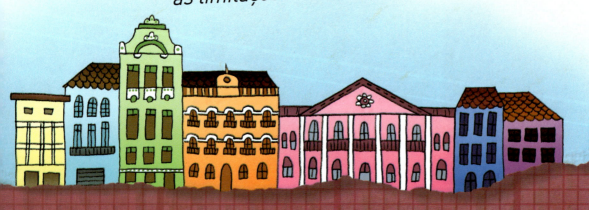

ruas e escolas sem rampas e transportes não adaptados – e aos dezesseis anos começou a trabalhar.

Mesmo no triciclo, dançou frevo no Carnaval do Recife, e seu pai, vibrando, falava pra todo mundo: "Essa é minha filha!".

Aos poucos Nina aprendeu a dançar na cadeira de rodas e se aprimorou, fazendo diversos cursos de dança. Em 2014 a garota ganhou o primeiro lugar no XIII Campeonato Brasileiro de Dança em Cadeira de Rodas, representando o estado de Pernambuco.

Nossa campeã quer, a cada dia, superar mais desafios e conquistar seu espaço.

Alguém duvida que ela vai conseguir?

A superação faz cada um de nós – desde os pequenos como você até os mais velhos como eu e seu professor – não desistir de vencer os obstáculos.

Porque sem os sonhos realizados, a vida não é a mesma coisa, e fica muito sem graça...

Você percebeu que nos exemplos mostrados até aqui nenhuma pessoa desistiu? Em todos os lugares e em diferentes situações, no mundo inteiro, existem muitos outros casos de superação, de garra e de perseverança.

Você conhece algum outro caso de superação?

Com determinação, a superação vai acompanhar você sempre: nas dificuldades da família, na escola, nas brincadeiras com os amigos, nas artes, no esporte, no trabalho, enfim, em tudo o que você quiser realizar.

Assim, poderá conquistar o mundo!

A superação pode estar na pintura...

Bernardo Garcia nasceu em Niterói, cidade do Rio de Janeiro, mas mora em Pirapetinga, Minas Gerais. Sempre foi um menino diferente. Desde pequeno ele não brincava como as outras crianças e não falava com ninguém. Vivia só, no seu mundo particular. O Bernardo é autista e, apesar de viver com sua família, nunca se relacionou direito com as pessoas.

Quando ele tinha seis anos, sua mãe – Dona Ione – descobriu que a pintura trazia para fora a realidade guardada dentro dele. Assim, Bernardo começou a pintar e descobriu outros mundos por meio das cores, tintas e pincéis.

A pintura ajudou-o a superar suas limitações e ele se comunica com todas as pessoas por meio de seus quadros. Quando está concentrado, pintando, chega a finalizar vinte quadros em um único dia!

Hoje ele está bem diferente e já não se fecha totalmente no seu mundinho: arruma a cozinha, limpa o quintal e atende sua mãe sempre que ela o chama.

Seus quadros já estão expostos em várias cidades brasileiras. E ele ainda tem muitas telas para pintar.

Alguém duvida que ele vai conseguir?

Em todos os momentos em que a vida nos faz parar e nós juntamos forças para continuar, para fazer acontecer o que queremos, estamos a caminho da superação.

Superação essa que faz cada um conquistar os seus sonhos para, assim, se realizar e ser feliz.

E você, qual o seu sonho?

Fui eu que escrevi este livro pra você!

Eu sou o Marcos. Sou carioca, educador, palestrante e escritor. Além deste livro, tenho muitos outros para crianças e, também, para jovens, pais e professores.

Sempre gostei de escrever e, quando tinha uns 13 ou 14 anos, aprendi a gostar de poesias graças à minha professora de português, Nelmara, na escola pública em que estudava.

Hoje, gosto de escrever e também de falar por aí. Por isso, estou sempre com o pé na estrada, dando aulas e palestras pelo Brasil afora. Com isso, tenho a oportunidade de conhecer muita gente e tenho muitas saudades daquelas pessoas que não encontrei mais.

Fiz Teatro e estudei Música. Um livro meu virou peça de teatro e vídeo, na África. Mas foi como educador que construí o meu caminho. Tenho escrito sempre para jornais e revistas; tive programas na TV Educativa e em várias rádios, porque acredito que a educação pode transformar as pessoas. A informação é um direito de todo mundo!

Para conhecer meu trabalho, ver por onde ando, ou assistir a minhas entrevistas, é só acessar meu *site*: **www.marcosribeiro.com.br**.

© FÁBIO FRANCI